BEI GRIN MACHT SICH IHR WISSEN BEZAHLT

Florian Philipp Ott

Selektion der Sprachbarrieren

Einführung in die soziolinguistische Defizithypothese nach Basil Bernstein in den 1960er und 1970er Jahren.

GRIN Verlag

Bibliografische Information der Deutschen Nationalbibliothek:

Die Deutsche Bibliothek verzeichnet diese Publikation in der Deutschen National-
bibliografie; detaillierte bibliografische Daten sind im Internet über http://dnb.d-
nb.de/ abrufbar.

Impressum:

Copyright © 2006 GRIN Verlag GmbH
Druck und Bindung: Books on Demand GmbH, Norderstedt Germany
ISBN: 978-3-640-75939-2

Dieses Buch bei GRIN:

http://www.grin.com/de/e-book/133112/selektion-der-sprachbarrieren

GRIN - Your knowledge has value

Der GRIN Verlag publiziert seit 1998 wissenschaftliche Arbeiten von Studenten, Hochschullehrern und anderen Akademikern als eBook und gedrucktes Buch. Die Verlagswebsite www.grin.com ist die ideale Plattform zur Veröffentlichung von Hausarbeiten, Abschlussarbeiten, wissenschaftlichen Aufsätzen, Dissertationen und Fachbüchern.

Besuchen Sie uns im Internet:

http://www.grin.com/

http://www.facebook.com/grincom

http://www.twitter.com/grin_com

FLORIAN PHILIPP OTT

Selektion der Sprachbarrieren

**Einführung in die soziolinguistische Defizithypothese
nach Basil Bernstein in den 1960er und 1970er Jahren.**

1. Auflage im März 2006

© Florian Philipp Ott
Gymnasium am Stadtpark Uerdingen
Gymnasiale Oberstufe
Facharbeit im Leistungskurs Deutsch
Erschienen bei GRIN Verlag GmbH 2009
Benotung: sehr gut (14 Punkte)

Inhaltsverzeichnis

Inhaltsverzeichnis 3

1. **Vorwort** 4

2. **Einleitung** 5

    2.1   Begründung der Themenwahl 5

    2.2   Forschungsgebiet der Soziolinguistik 5

    2.3   Historischer Hintergrund 6

3. **Die Defizithypothese und ihre Folgen** 8

    3.1   Soziolinguistische Defizithypothese nach Bernstein 8

        3.1.1   Untersuchungsmethoden 8

        3.1.2   Restringierter und elaborierter Sprechkode 8

        3.1.3   Sprache und Erfolg im Zusammenhang 9

    3.2   Wissenschaftliche und gesellschaftliche Folgen 10

        3.2.1   Bildungspolitische Diskussion 10

        3.2.2   Wissenschaftliche Reaktionen 11

        3.2.3.1 Befürworter der Defizithypothese 11

        3.2.3.2 Widerlegung der Bernsteinhypothese 12

    3.3   Soziolinguistik nach dem Bernstein-Konflikt 13

4. **Fazit: Verschwendete Ressourcen** 14

Literatur- und Quellenverzeichnis 16

1. Vorwort

Kaum ein Element des menschlichen Lebens hat eine solch große Macht wie die Sprache. Sie ist die Grundlage der meisten Gesellschaften, führt oftmals zu großen Zusammengehörigkeitsgefühlen doch spaltet vielerorts auch verschiedene Völker. Sie sorgt für Verständnis oder für das Gegenteil und schafft es verschiedenste Gefühle hervorzurufen. Ob zur Vermittlung von Wissen, Gerüchten oder einfach zur Unterhaltung: Die Sprache, als ältestes Medium der Welt, ist von Bedeutung für alle Gesellschaften. Doch wenn sie es schafft, Volksgruppen ein Zusammengehörigkeitsgefühl zu vermitteln, liegt der Schluss nahe, dass auch das Gegenteil möglich ist. Mit diesem Aspekt beschäftigte sich über Jahre hinweg die Soziolinguistik, ein Wissenschaftsfeld, das versucht Verbindungen zwischen dem sozialen Status eines Volkes, einer Schicht oder einer Gruppe und deren Sprachfähigkeiten zu ziehen.

Besonders dominierend im deutschen Zweig dieser Wissenschaft war bis Mitte der 1980er Jahre der Begriff der Sprachbarriere. Er prägte über eine lange Zeit hinweg die Bildungspolitik in der Bundesrepublik und sorgte für eine regelrechte linguistische Revolution. Grundlage für die deutschen Forschungen war vor allem die Defizittheorie des englischen Pädagogen Basil Bernstein. Diese, aber vor allem ihre Folgen für Deutschland und dessen Bildungssystem, sind Thema dieser Facharbeit.

Eine solch starke Eingrenzung ist nötig, da sich die Soziolinguistik seit ihrem Aufkommen stark verändert und differenziert hat. Die Bezeichnung, die ehemals ein spezifisches Gebiet der Linguistik beschrieb, ist heute schon eher ein Oberbegriff für eine eigene Wissenschaft. Die Forschung ist in den vergangenen Jahren so umfangreich geworden, dass eine globale Einführung im Rahmen einer Facharbeit wohl kaum möglich ist, wenn man das Ziel verfolgt, nicht nur an der Oberfläche zu kratzen, sondern wirklich in die Materie einzudringen – sie zu verstehen und die Konsequenzen, die in ihr begründet waren und sind, nachvollziehen zu können.

Deshalb ist ausschließlich der Forschungsstand bis Mitte der 1970er Jahre Thema dieser Arbeit. Sie beschäftigt sich mit Bernsteins Defizittheorie, mit der Sprachbarrierenforschung und mit den Gegenströmen, die, bei den weitreichenden Folgen der Arbeiten Bernsteins, nicht ausblieben und seine Theorie letztendlich sogar widerlegen konnten.

2. Einleitung

2.1   Begründung der Themenwahl

Spätestens seit den erschreckenden Ergebnissen der PISA-Studie im Jahre 2000 gilt es als wissenschaftlich erwiesen, dass der Nachwuchs aus sozial schlechter gestellten Familien es schwieriger hat, im Leben beruflichen Erfolg zu erlangen, als es für Kinder aus Elternhäusern mit besseren finanziellen Möglichkeiten der Fall ist. In Deutschland ist dies besonders extrem ausgeprägt.[1] Einen Grund für dieses Phänomen bietet Basil Bernstein mit seiner Defizithypothese, die Thema dieser Facharbeit ist. Ausgewählt habe ich es, da ich mehr über die Zusammenhänge zwischen Sprache und Erfolg, sowie sozialer Herkunft und Sprache erfahren wollte und die Theorie des britischen Pädagogen über lange Jahre hinweg das Gebiet der deutschen Soziolinguistik dominierte.[2] Zwar hat sie heute in der Wissenschaft an Stellenwert verloren, doch die Thematik die sie beschreibt ist, wie man sieht, noch immer aktuell. Besonders interessierten mich bei meiner Untersuchung die Grundlagen, auf denen Bernstein seine Hypothese aufbaute und im besonderen Maße die Art der Anwendung in der Bundesrepublik. Ziel dieser Arbeit soll eine strukturierte Darstellung der soziolinguistischen Ströme in Deutschland, vor allem in den 1970er Jahren sein, mit einem besonderen Augenmerk auf die bereits erwähnte Theorie. Dabei soll auch der historische Hintergrund nicht außen vor bleiben, der den Erfolg dieser linguistischen Forschung zu großen Teilen erst möglich machte.

2.2   Forschungsgebiet der Soziolinguistik

Das Meyers Taschenlexikon definiert die Soziolinguistik als ein „Teilgebiet der Sprach- Wiss. mit der Aufgabe die sozialen Bedingungen, sprachl. Unterschiede und Veränderungen zu erforschen."[3] Im Vordergrund stehen dabei die Beziehungen zwischen sozialer Herkunft und den sprachlichen Fähigkeiten eines Menschen in einer bestimmten Gesellschaft. Hierbei liegt das Augenmerk nicht nur auf dem Vergleichen zwischen der Sprache von Angehörigen unterschiedlicher Bevölkerungsschichten,

---

[1] Vgl. Max Plank Institut Berlin: PISA 2000: Die Studie im Überblick – Grundlagen, Methoden und Ergebnisse, Berlin 2002

[2] Vgl. Löffler, Heinrich: Germanistische Soziolinguistik, in: Besch, Werner und Steinecke, Hartmut: Germanistische Soziolinguistik, Berlin 2005, S. 161

[3] Meyers Lexikonredaktion: Meyers Taschenlexikon in 10 Bänden (Band 9), Augsburg 1999, S. 936

sondern zum Beispiel auch auf der Gegenüberstellung sprachlicher Eigenschaften von Sprechern unterschiedlichen Geschlechts oder Alters. Weitere Forschungsgebiete sind aber ebenfalls die Pidginigsierung und der Bereich der Sprachwahl, wo beobachtet wird, welche Sprache eine mehrsprachige Gesellschaft wann nutzt.[4]

Als Väter der heutigen Soziolinguistik gelten der Brite Peter Trudgill und der Amerikaner William Labov,[5] der auch das heute noch oft verwendete soziolinguistische Interview einführte.[6] Den Weg von einem Teilgebiet der Linguistik, hin zu einer wirklichen Wissenschaft machte die Soziolinguistik erst Anfang der 1960er Jahre, als der Brite Bernstein seine Defizithypothese veröffentlichte. Diese wurde in der Bundesrepublik zu Beginn fast vollständig übernommen und es bildete sich das linguistische Teilgebiet der Sprachbarrierenforschung heraus. Darin beschäftigte man sich hauptsächlich mit zwei Intentionen: Entweder man wollte Bernsteins Theorie widerlegen oder sie untermauern. Wichtige deutsche Soziolinguisten waren vor allem Oevermann, Ammon und Dittmar, wobei erwähnt werden sollte, dass die meisten Forscher auf diesem Gebiet eigentlich nicht unbedingt Linguisten waren. Die Soziolinguistik ist daher eher als ein „ [...] interdisziplinäres Projekt von Soziologen, Linguisten, Verhaltensforschern und Anthropologen [...]",[7] anzusehen, wie Theodor Lewandowski es passend definierte. Allerdings sollte man klar betonen, dass dieses „Projekt" wohl kaum zu einem vergleichbaren Erfolg hätte gelangen können, wenn die historischen Rahmenbedingungen zu dessen Entstehungszeit nicht so wohlwollend gewesen wären.[8]

2.3   Historischer Hintergrund

Die Ära der modernen Soziolinguistik, die mit der Defizithypothese eingeleitet wurde, begann Ende der 1950er, Anfang der 1960er Jahre. Die westliche, kapitalistische Welt stand unter dem Einfluss des so genannten Sputnik-Schocks[9] und fühlte sich in

---

[4] Vgl. Windgen, Wolfgang: Soziolinguistik und Kontaktlinguistik, in: http://www.fb10.uni-bremen.de /homepages/wildgen/pdf/soziolinguistiksprachkontakt.pdf, eingesehen am 20. Januar 2006, S. 16

[5] Vgl. Wikipedia: Soziolinguistik aus Wikipedia der freien Ezykolpädie, in: http://de.wikipedia.org /wiki/Soziolinguistik, eingesehen am 26. Februar 2006

[6] Vgl. Windgen: Soziolinguistik, S. 12 ff

[7] Lewandowski, Theodor: Linguistisches Wörterbuch 2, Wiesbaden 1985, S. 936

[8] Vgl. Löffler: Germanistische Soziolinguistik, S. 161 ff

[9] Vgl. Löffler: Germanistische Soziolinguistik, S. 161 ff

Technik und Wissenschaft den sozialistischen Staaten, allen voran der UDSSR, unterlegen. Aufgrund dieses Empfindens, das auf den erfolgreichen Start des ersten, von den Russen entwickelten, Sputnik-Satelliten folgte,[10] leitete die UNESCO eine Untersuchung der Bildungssysteme der westlichen Staaten ein. Dabei schnitt die Bundesrepublik äußerst schlecht ab. Nur knapp 5 Prozent der Kinder schafften es hierzulande bis zum Abitur, was der sozialdemokratische Bundeskanzler Brandt verbessern wollte. Das Ziel seiner Regierung hieß von da an Bildungsreserven zu mobilisieren um die Zahl der Abiturienten auf 50 Prozent steigern zu können.[11] Diese, sehr hoch gegriffene Zahl, ist zwar bis heute noch nicht erreicht, doch sorgte sie dafür, dass man alles daran setzte das Bildungssystem zu verbessern um den Russen nicht weiter unterlegen zu sein. Schnell suchte man nach Gründen um die vermeidliche Rückständigkeit gegenüber der Sowjetunion erklären zu können. Dies geschah hauptsächlich in den Vereinigten Staaten,[12] die zu dem Zeitpunkt den Wettlauf des Kalten Krieges bereits voll angenommen hatten. So fand man hier auch als erstes das Forschungsgebiet der Soziolinguistik als mögliche Erklärung. Das geschah jedoch eher im Hintergrund, gab es doch noch keine vorzeigbaren Ergebnisse, die einen solchen Rückschlag erklären konnten. Diese lieferte dann Anfang der 1960er Jahre der britische Pädagoge Basil Bernstein mit seiner Defizithypothese, die schnell auch in der Bundesrepublik Anklang fand.

---

[10] Vgl. Wikipedia: Sputnikschock aus Wikipedia der freien Ezykolpädie, in: http://de.wikipedia.org /wiki/Sputnik-Schock, eingesehen am 26. Februar 2006

[11] Vgl. Löffler: Germanistische Soziolinguistik, S. 161 ff

[12] Vgl. Schieben-Lange, Brigitte: Soziolinguistik. Eine Einführung, Stuttgart 1991, S. 34

3.   Die Defizithypothese und ihre Folgen

3.1   Soziolinguistische Defizithypothese nach Bernstein

3.1.1   Untersuchungsmethoden

Bei der Erstellung seiner Defizithypothese setze Basil Bernstein im groben auf nur zwei wissenschaftliche Untersuchungen, bevor er die Theorie formulierte. Zum einen verwies er auf die Ergebnisse einer Studie der Linguisten Schatzmann und Strauss, die Mitte der 1950er Jahre veröffentlich wurde und zu dem Ergebnis kam, dass Sprecher aus sozial schwächeren Familien Schwierigkeiten damit haben, ein Ereignis ausführlich bzw. „[…] explizit […]" wiedergeben zu können.[13] Zum anderen führte Bernstein auch eigene Untersuchungen in England durch, die auf Interviews mit 309 Lehrlingen sowie Laufburschen aus der Unterschicht und 45 Mittelschichtschülern basierten. Bernstein befragte die Teilnehmer seiner Studie zu Themen wie der Todesstrafe und ließ sie anschließend, schichtengetrennt, über den gegebenen Begriff eine Diskussion führen. Obwohl die Teilnehmer der Unterschicht das Diskutieren zuvor sogar noch geprobt hatten, fielen Bernstein bei seiner Auswertung nach syntaktischen Kriterien deutliche Unterschiede zwischen den Schichten auf.[14] So stellte er fest, dass die Sprecher der Mittelschicht ihre Äußerungen grammatikalisch korrekter, logischer und mit einer differenzierteren Wortwahl tätigten, wohingegen die Sprecher der Unterschicht kurze, einfache und zum Teil auch unvollständige Sätze äußerten. Außerdem waren ihre Aussagen immer nach einem ungefähr gleichen Schema aufgebaut und Nebensätze waren eher selten.[15] Die Ergebnisse glichen insgesamt stark denen von Schatzmann und Strauss, deren Studie Bernstein zu seinen Untersuchungen gebracht hatte.

3.1.2   Restringierter und elaborierter Sprechkode

Aufgrund seiner Beobachtungen unterschied Bernstein nun in zwei Arten von Sprechweisen, die er den beiden verschiedenen, von ihm untersuchten Gesellschafts-

---

[13] Vgl. Dittmar, Norbert: Soziolinguistik. Exemplarische und kritische Darstellung ihrer Theorie, Empirie und Anwendung. Mit kommentierter Bibliogrphie, Königstein/Ts. 1980, S. 2

[14] Vgl. Löffler: Germanistische Soziolinguistik, S. 165 f

[15] Vgl. Schieben-Lange: Soziolinguistik, S. 34

klassen zuwies. Die Sprechweise der Unterschicht nannte er öffentliche-, die der Mittelschicht formale Sprache. Später definierte er die „verschiedenen" Sprachen als Kodes (engl. Codes) und sprach von da an vom restringierten und elaborierten Sprechkode. Ersterer beschreibt die Sprechweise der Unterschicht, also die zuvor als öffentliche Sprache definierte Art der Ausdrucksweise. Als elaboriert bezeichnete Bernstein den Sprechkode der Mittelschicht.[16] Diese strickte Unterscheidung zwischen den Sprechweisen der beiden Schichten, war die Grundlage seiner Defizittheorie, die der englische Pädagoge im Anschluss an seine kurzen Untersuchungen formulierte.

3.1.3 Sprache und Erfolg im Zusammenhang

Aufgrund der von ihm beobachteten strikten Zuordnung des restringierten Sprechkodes zur Unter- und des elaborierten Sprechkodes zur Oberschicht stellte Bernstein Mitte der 1960er Jahre die Vermutung auf, dass die Sprache einen entscheidenden Einfluss auf den gesellschaftlichen Erfolg eines Individuums hat. Da die Sprecher mit elaboriertem Sprechkode scheinbar erfolgreicher waren, als jene mit restringiertem, hielt Bernstein letzteren für generell dem ersten unterlegen. Daher kommt er, wie Norbert Dittmar schreibt, zu dem Schluss: „Den restringierten Sprechkode [...], der dem über relativ komplexe und informationsdichte sprachliche Organisationen verfügenden elaborierten Sprechkode unterlegen ist, hält Bernstein für eine entscheidende Ursache *gesellschaftlicher Chancenungleichheit.*"[17]. Die unterschiedlichen Sprechkodes sah Bernstein in den verschiedenen psychischen Erfahrungen eines Sprechers begründet, die seiner Meinung nach in engem Zusammenhang mit der Schichtenzugehörigkeit eines Individuums stehen. Große Bedeutung sprach er auch der Familie zu, die die Sprache eines Kindes so stark prägt wie nichts anderes. Er stellt deshalb neben der Defizitherorie auch die Mutter-Kind-Hypothese auf, in der er feststellt: „Im engeren Sinne ist die Mutter und im weiteren Sinne die Familie dafür verantwortlich, daß ein Kind bestimmten Restriktionen unterworfen ist."[18] Die Bernsteinsche Defizithypothese war also geboren.

---

[16] Vgl. Dittmar: Soziolinguistik, S. 2

[17] Dittmar: Soziolinguistik, S. 2

[18] Dittmar: Soziolinguistik, S. 97

3.2 Wissenschaftliche und gesellschaftliche Folgen

3.2.1 Bildungspolitische Diskussion

Durch die bildungspolitische Situation in den 1960er Jahren, war der Nährboden für Bernsteins Untersuchungen in der Bundesrepublik äußerst groß. Die gerade veröffentlichen Studien der UNESCO sorgten für große Diskussionen um den Anteil der Abiturienten in Deutschland und die Defizithypothese bot eine logische und vermeintlich fundierte Erklärung für die sozialen Chancenungleichheiten. Daher versuchte man mit kompensatorischen Sprachprogrammen die Sprachdefizite, die laut Bernstein Grund dafür sind, dass Unterschichtkinder weniger erfolgreich sind als der Nachwuchs der Mittelschicht, abzustellen. „Dem in Amerika verbreiteten Sprachkompensationsprogramm von Bereiter-Engelmann entsprach ein deutsches von Schüttler-Janikulla (1971), das in kürzester Zeit 700 000 mal verkauft war."[19] Dabei versuchte man den Kindern schon im Vorschulalter, aber auch in der Grundschule durch Trainingsprogramme die sprachlichen Defizite abzutrainieren. Klarer ausgedrückt hieß dies, dass man versuchte die Dialekte und Spracheigenheiten der Unterschicht komplett abzuschaffen.[20] Die Schule sollte nur noch den elaborierten Sprechkode vermitteln und fördern um somit ein für allemal Schluss mit sozialer Ungerechtigkeit zu machen und für gleiche Erfolgschancen zu sorgen. Doch recht schnell bemerkte man, dass man mit den Kompensationsprogrammen nicht viel, ja manchmal sogar das Gegenteil erreichte. Die Kinder, die an den „ [...] gut gemeinten Drill und Trainingsprogramme(n) [...]" teilnahmen, litten oftmals schon in der Grundschule an „[...] Schulüberdruss, kindlichen Neurosen, Bettnässen und Daumenlutschen [...]."[21] Jene, bei denen die Programme fruchteten, waren meist Kinder aus der Mittelschicht, weshalb man anstatt die Unterschiede zu verringern, diese vielfach noch verstärkte. Heute sieht man als Grund für das Scheitern der kompensatorischen Maßnahmen vor allem die überschnelle Reaktion, die es ermöglichte, dass Programme ins Leben gerufen wurden, deren Nutzen noch gar nicht bewiesen war, da die wissenschaftliche Grundlagenforschung auf diesem Gebiet fast völlig fehlte.[22]

---

[19] Löffler: Germanistische Soziolinguistik, S. 167

[20] Vgl. Dittmar: Soziolinguistik, S. 2

[21] Löffler: Germanistische Soziolinguistik, S. 167

[22] Vgl. Löffler: Germanistische Soziolinguistik, S. 168

3.2.2 Wissenschaftliche Reaktionen

Vor der Veröffentlichung der Defizit-Hypothese gab es im Grunde keinen anderen Ansatz als den Bernsteins, der nun auch auf die Bundesrepublik angewendet werden sollte. Die amerikanischen Ergebnisse blieben hierzulande ohne Anerkennung. „Erst durch die Bibliographie von Dittmar (Dittmar 1971) und den Reader von Klein/ Wunderlich (1971) sind andere Richtungen als Bernstein überhaupt in die allgemeine Diskussion gekommen."[23] Trotzdem gab es aber auch danach lediglich zwei stark vertretende, wissenschaftliche Richtungen in der noch recht jungen Soziolinguistik. Auf der einen Seite standen jene, die versuchten Bernsteins Arbeiten mit eigenen Forschungsprogrammen zu untermauern, auf der anderen solche, die Bernstein versuchten zu widerlegen.[24]

3.2.2.1   Befürworter der Defizithypothese

Zu den Befürwortern der Bernstein-Hypothese lässt sich eigentlich nicht viel differenziertes sagen. Sie versuchten fast alle, mit eigenen wissenschaftlichen Arbeiten die Theorie des englischen Pädagogen zu belegen. Dabei wendeten sie oftmals exakt die gleichen Methoden an, die auch Bernstein selbst genutzt hatte, weshalb sie von Bernsteins Gegnern stark kritisiert wurden. Als dann die ersten Wissenschaftler auch auf diese Kritik eingingen und die Untersuchungsmethoden änderten, hatten sie arge Probleme Bernsteins Ergebnisse zu belegen.[25] So ebbte Ende der 1970er Jahre die Welle der Arbeiten ab. Nur noch wenige Forscher beschäftigen sich seitdem mit der Defizithypothese, die meisten auf dem Gebiet der Einwanderungsproblematik.[26] Die wohl wichtigste, deutsche Arbeit zu den Sprachbarrieren in Deutschland lieferte Anfang der 1970er Jahre der Tübinger Soziolinguist Ulrich Ammon ab. In seiner Arbeit mit dem Titel „Dialekt, soziale Ungleichheit und Schule" geht er auf das von Bernstein formulierte Problem genauer ein. Er kommt zu dem Schluss, dass der Dialekt für die Unterschicht ein Symbol der Zusammengehörigkeit ist, der es den Dialektsprechern ermöglicht einen Ortsfremden schnell zuerkennen und diese sich somit darüber im Klaren sind, dass der Fremde die örtlichen Gewohnheiten nicht kennt.

---

[23] Schieben-Lange: Soziolinguistik, S. 57

[24] Vgl. Löffler: Germanistische Soziolinguistik, S. 168

[25] Vgl. Löffler: Germanistische Soziolinguistik, S. 169

[26] Vgl. Löffler: Germanistische Soziolinguistik, S. 170

Daher bemerkt er, dass es äußerst schwer, wenn nicht gar unmöglich wird, den Menschen dieses Symbol abzutrainieren, da sie das Gefühl haben werden, dass Ihnen ein Identifikationsobjekt abhanden kommt. Bei seinen Untersuchungen geht Ammon aber immer von der Richtigkeit der Beinstein-Hypothese aus und sagt daher, dass der Dialekt ebenfalls zum Ausschluss der Unterschicht aus sozial höher gestellten Kreisen führt, da sich eben nicht nur ein Fremder erkennen lässt, sondern der Fremde durch den Dialekt auch Mitglieder der Unterschicht identifizieren kann, gegen die er generell eine Abneigung hat. Dadurch wird der Erfolg für die Unterschicht verhindert.[27]

3.2.2.2 Widerlegung der Bernsteinhypothese

Die Arbeiten Bernsteins und jene, die seinen Nachfolgten wurden von Seiten der Bernstein-Gegner stark kritisiert. Vor allem die geringe Menge der erhobenen, wissenschaftlichen Daten und die ungleiche Schichtenverteilung der Befragten, auf deren Aussagen Bernstein seine Theorie aufgebaut hatte, wurde von vielen anders Denkenden nicht akzeptiert.[28] Auch die einfache Bestimmung des Engländers, dass der elaborierte Kode dem restringierten überlegen wäre, nur weil er die elaborierten Sprecher für erfolgreicher hielt, stieß auf große Kritik. Hier stellten die Gegner vor allem die Forschungsergebnisse von Labov entgegen, der 1968 in seinen ausführlichen, wissenschaftlich fundierten Arbeiten nachgewiesen hatte, dass die Unterschichtkinder kein schlechteres, sondern lediglich anderes Englisch sprechen, was Bernstein mit seinen Ergebnissen widerlegte, wie Dittmar passend feststellte: „Unterschichtkinder leben in einer „verbal reichen Subkultur, in der das Kind von morgens bis abends in sprachlicher Stimulierung gebadet ist."[29] Das Problem der Chancenungleichheit lag daher für die Gegner der Defizithypothese nicht nur auf Seiten der sprachlichen Entwicklung von Kindern der Unterschicht, da sie eben nicht schlechter sprechen, sondern anders. Diese Feststellung führte zu der, Bernsteins De-

---

[27] Vgl. Schieben-Lange: Soziolinguistik, S. 66 f

[28] Vgl. Schieben-Lange: Soziolinguistik, S. 57

[29] Dittmar: Soziolinguistik, S. 101

fizittheorie widersprechenden, Differenzhypothese[30] des amerikanischen Wissenschaftlers William Labov, der als der große Gegenspieler Bernsteins in der Soziolinguistik gilt. Besonders angegriffen hat er zum Beispiel die starke Gesellschaftsvereinfachung Bernsteins in die Arbeiter- und. Die Mittelklasse. Hier sollte seiner Meinung nach stärker differenziert werden. Auch Bernsteins Code-Begriff musste sich Labovs Kritik unterziehen. So sah er ein Problem an dieser Definition, da sie seiner Meinung nach den Eindruck erwecken würde, dass es sich bei verschiedenen Codes um verschiedene, in sich geschlossene Sprachsysteme handeln würde, wie es Oevermann einmal auf den Punkt brachte.[31] Seit den Arbeiten Labovs, dem offenkundigen Scheitern der kompensatorischen Maßnahmen und dem Unvermögen Bernsteins Befürwortern dessen These durch wissenschaftlich anerkannte Forschungsmethoden zu bestätigen, gilt die Bernstein-Hypothese weitgehend als widerlegt. Sie spielt in der heutigen Soziolinguistik kaum noch eine Rolle.

3.3   Soziolinguistik nach dem Bernstein-Konflikt

Nachdem sich die Aufruhr um Bernsteins Defizithypothese sowie den verschiedenen Gegenströmen gelegt hatte und es sich langsam herausstellte, dass viele der zu schnell und übereifrig gestarteten, kompensatorischen Sprachprogramme ohne Erfolg blieben, machte sich Ernüchterung breit. Die Soziolinguistik, die doch alle Probleme lösen sollte, verschwand langsam aber sicher von der Bildfläche des öffentlichen Interesses. Nur noch wenige neue Forscher widmeten sich dieser Wissenschaft und andere Themen traten in den Vordergrund. So spielte die Bernstein-Hypothese schon in der Mitte der 1980er Jahre kaum noch eine Rolle. Die damaligen Soziolinguisten differenzierten ihr Wissenschaftsgebiet immer stärker und beschäftigten sich vor allem mit Problemen wie der Sprachwahl, der Pidginigisierung, den Soziolekten, den Unterschieden zwischen Männer- und Frauensprache[32] oder der Sprachbarriere von

---

[30] Vgl. Lazar, Marzena und de Vries, Irina: Soziale Varietäten I: Schicht, Gruppe, in: http://www.rzuser.uni-heidelber.de/cg3/ph/Referate/Referat_Lazar_Vries.doc, eingesehen am 25. Januar 2006

[31] Vgl. Schieben-Lange: Soziolinguistik, S. 63

[32] Vgl. Hullmann, Berit: Zur unterschiedlichen Verwendung von Sprache in Frauen- und Männerzeitschriften am Beispiel von Amica und Mens Health, in: http://www.linse.uni-essen.de/esel /pdf/amica_menshealth.pdf, eingesehen am 20. Februar 2006

Immigranten.[33] Diese Themen sind auch heute noch immer in der Soziolinguistik aktuell. Man versucht nicht mehr die großen Probleme durch einfache Theorien zu lösen, sondern beschränkt sich eher auf die Beschreibung von Phänomenen und Regelungen[34].

3. Fazit: Verschwendete Ressourcen

Alles in allem lässt sich an Hand der Soziolinguistik der 1960er und 1970er Jahre gut erkennen, wie leicht es selbst mit einer wissenschaftlich nicht bewiesenen Theorie sein kann, unsere moderne Gesellschaft zu manipulieren. Die gewagte – und wie sich später ja herausstellte – falsche Behauptung Basil Bernsteins traf in Deutschland, aber auch in anderen Staaten, auf sehr fruchtbaren Boden, sollte sie doch eine Art Messiasfunktion übernehmen und dem vermeintlich unterlegenen Westen helfen in Sachen Bildung wieder auf die Beine zu kommen. Man hinterfragte in der Öffentlichkeit zu Beginn weder die Methoden der Erfassung, noch die Aussage an sich, sondern beschäftigte sich dafür mit sehr großem Engagement mit der Beseitigung der so genannten „Sprachbarrieren". Das dies nicht zu einem Erfolg führen konnte, erkannte man zu spät, da die wenigen Gegenstimmen, die es zweifellos immer gab, erst zu spät gehört wurden – nämlich erst nachdem man bemerkt hatte, das sich durch die kompensatorischen Programme nichts änderte. Der steile Aufstieg zeigt deutlich, wie einfach es auch heute noch ist, die große Masse der Menschen durch Fehlinformationen zu beeinflussen und sie mit angeblich wissenschaftlichen Erkenntnissen für eine Sache zu begeistern. Dies erinnert doch stark an die antisemitischen „Wissenschaften" vor und während des Dritten Reiches, die auch mit vermeintlichen Forschungsergebnissen der Bevölkerung das Alibi für die grausamen Machenschaften der NS-Regierung boten. Zwar kann man diese beiden Vorgänge von der inhaltlichen Seite und auf Deutschland bezogen nur schlecht miteinander vergleichen, aber allein die Tatsache, dass die kompensatorischen Maßnahmen beginnen konnten, ohne Befunde

---

[33] Vgl. Breil, Bettina: HauptschülerInnensprache. Eine Untersuchung der Sprache Essener Brennpunkt-HauptschülerInnen, in http://www.linse.uni-essen.de/esel/pdf/hauptschspr.pdf, eingesehen am 20. Februar 2006

[34] Vgl. Löffler: Germanistische Soziolinguistik

für deren Richtigkeit zu haben und somit die Vernichtung von unzähligen, verschiedenen Dialekten bereit eingeleitet war, zeigt doch, dass man sich noch immer nicht sicher sein kann, dass sich die Bevölkerung nicht in die Irre führen und missbrauchen lässt, denn wie sich zeigt glaubt man vieles, wenn es unter dem Deckmantel der Wissenschaft daher kommt. Dass aber auch rassistische Elemente nicht unbedingt fern liegen, wenn man eine solch diskriminierende These formuliert, zeigte sich in den USA, wo die schwarzen Bevölkerungsschichten, nach Meinung einiger Forscher, angeblich genetisch nicht in der Lage wären, den elaborierten Sprechkode zu beherrschen – obwohl es seit langer Zeit als erwiesen gilt, dass es keine fundamentalen, genetischen Unterschiede zwischen den Menschen verschiedener Hautfarben gibt. Trotzdem versuchte man mit solchen, wissenschaftlich nicht belegten Theorien, die Kluft zwischen schwarz und weiß in Nordamerika wieder aufreißen zu lassen. Dass Bernstein mit seiner Hypothese falsch lag, bezweifelt heute kaum noch jemand, trotzdem muss man ihm zugute halten, dass er mit seiner Theorie das Forschungsgebiet der Soziolinguistik weit nach vorne gebracht hat und ihm zu – zumindest kurzzeitigem – öffentlichen Ansehen verhalf. Gleichzeitig ist es auch ein Beispiel dafür, wie manipulierbar die Menschen noch immer sind, wenn sie sich in ihrer Ehre verletzt und unterlegen fühlen. Des Weiteren zeigt die Geschichte dieses Wissenschaftszweigs, wie falsch die alten Denkmuster von Klassenüber- bzw. Unterlegenheit sind, denn diese gibt es schlichtweg nicht. Alle Klassen sind für ihre Verhältnisse und Bedürfnisse ausreichend mit Sprachkompetenz ausgestattet und sprechen lediglich anders, nicht schlechter. Ich hoffe ich konnte mit dieser Facharbeit einen Einblick in den Forschungsbereich der Soziolinguistik geben und die Zusammenhänge, historischen Gegebenheiten und Folgen der Bernstein-Hypothese sinnvoll erläutern. Dass ich nicht auf jedes Detail eingehen konnte, liegt natürlich am begrenzten Rahmen dieser Arbeit, denn über die Soziolinguistik sind Reihenweise Bücher erschienen, deren Inhalt wiederzugeben sicherlich ein Lebenswerk wäre. Trotzdem sollte es meiner Meinung nach nun klar sein, wie sich dieses Wissenschaftsgebiet weg von einer unbedeutenden Teildisziplin, hin zu einem eigenständigen sowie differenzierten Forschungsbereich entwickelt und immer mehr an gesellschaftlicher Bedeutung gewonnen hat. Auch wenn diese mit der Zeit bereits wieder verflogen und die Bernsteinhypothese schon fast in Vergessenheit geraten ist.

Literatur- und Quellenverzeichnis

Breil, Bettina: HauptschülerInnensprache. Eine Untersuchung der Sprache Essener Brennpunkt-HauptschülerInnen, in: http://www.linse.uni-essen.de/esel/pdf/ hauptschspr.pdf

Dittmar, Norbert: Soziolinguistik. Exemplarische und kritische Darstellung ihrer Theorie, Empirie und Anwendung. Mit kommentierter Bibliogrphie, Königstein/ Ts. 1980

Hullmann, Berit: Zur unterschiedlichen Verwendung von Sprache in Frauen- und Männerzeitschriften am Beispiel von Amica und Mens Health, in: http://www.linse.uni-essen.de/esel/pdf/amica_menshealth.pdf

Lewandowski, Theodor: Linguistisches Wörterbuch 2, Wiesbaden 1985

Löffler, Heinrich: Germanistische Soziolinguistik, in: Besch, Werner und Steinecke, Hartmut: Germanistische Soziolinguistik, Berlin 2005

Max Plank Institut Berlin: PISA 2000: Die Studie im Überblick – Grundlagen, Methoden und Ergebnisse, Berlin 2002

Meyers Lexikonredaktion: Meyers Taschenlexikon in 10 Bänden, Augsburg 1999

Schieben-Lange, Brigitte: Soziolinguistik. Eine Einführung, Stuttgart 1991

Lazar, Marzena und de Vries, Irina: Soziale Varietäten I: Schicht, Gruppe, in: http://www.rzuser.uni-heidelber.de/cg3/ph/Referate/Referat_Lazar_Vries.doc

Wikipedia: Soziolinguistik aus Wikipedia der freien Ezykolpädie, in: http://de.wikipedia.org/wiki/Soziolinguistik

Wikipedia: Sputnikschock aus Wikipedia der freien Ezykolpädie, in: http://de.wikipedia.org/wiki/Sputnik-Schock

Windgen, Wolfgang: Soziolinguistik und Kontaktlinguistik, in: http://www.fb10.uni-bremen.de/homepages/wildgen/pdf/soziolinguistiksprachkontakt.pdf, eingesehen am 20. Januar 2006, S. 16